CONTINUATION

FAITE PAR LE C^en. *DUCHESNE*

A SA

PROPOSITION

DE FORMER

UNE RÉPUBLIQUE,

SUIVANT LE PLAN

DU PRÉSID^t. DE MONTESQUIEU,

DANS LES MONTAGNES

DE LA GUYANE FRANÇAISE.

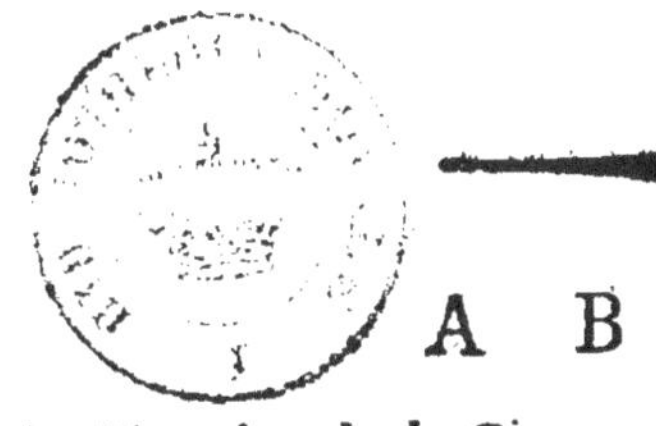

A BLOIS,

De l'Imprimerie du Citoyen MASSON, Grand-Rue, n°. 87;

Et se trouve,

A PARIS, chez les Citoyens CAILLE et RAVIER, rue
Saint-André-des-arcs, n°. 12.

GERMINAL AN X.

CONTINUATION

FAITE PAR LE Cᵉⁿ. *DUCHESNE*

A SA

PROPOSITION

DE FORMER

UNE RÉPUBLIQUE,

SUIVANT LE PLAN

DU PRÉSIDENT DE MONTESQUIEU,

DANS LES MONTAGNES

DE LA GUYANE FRANÇAISE.

DANS le mois de nivôse dernier, j'ai eu l'honneur de faire imprimer ma proposition, et d'en adresser des exemplaires au Gouvernement, au Sénat conservateur, an Conseil d'État, aux Ministres, au Tribunat et à l'Assemblée Législative.

Je n'ai reçu du Gouvernement, ni d'aucune autre part, nulle désapprobation sur mon projet de république dans les montagnes de l'intérieur de la Guyanne Française, et j'attendois cette circonstance pour exposer ultérieurement quelques nouvelles mesures d'exécution ; car inutile-

*

ment proposerois-je ces nouvelles mesures , si le Gouvernement eut désapprouvé
mon projet de république dans cet intérieur de la Guyane Française.

J'ai adressé aussi pareils exemplaires à
l'Institut National et à différentes Socié-
tés littéraires : je n'ai reçu aucunes objections , et j'attendois aussi cette circonstance
pour ou me réformer, en exposant ultérieurement ces nouvelles mesures d'exécution , ou présenter mes réponses sur
ces objections.

J'ai dit ci - devant que je rendois ma
proposition publique, non simplement
pour me faire imprimer, mais pour pro-
voquer cette exécution ; j'ai ajouté que
j'avois médité mon plan depuis longues
années ; enfin je suis entré, relativement
à la Guyane et aux Indiens, dans certains détails sur lesquels on pourroit former des doutes. Avant de proposer les
nouvelles mesures que je viens d'annon-
cer , je dois donc prouver ces assertions :
je prouverai même que lors de la Convention, et ensuite lors du Directoire,
j'avois cherché à préparer l'exécution de
mon plan.

Long-tems avant la révolution je l'avois
médité et formé ; et pour avoir des no-

tions certaines qui servissent à l'effectuer,
j'avois eu, sur la Guyane, des correspon-
dances très-étendues et très-suivies avec
différentes personnes, notamment avec
d'anciens jésuites et avec des missionaires du Séminaire du S. Esprit à Paris, qui
leur avoient succédé en Guyane : je me disposois à proposer l'exécution de ce plan,
lorsque survint la révolution.

Je ne pouvois avoir de renseignemens
plus détaillés et plus sûrs que par ces missionaires, parce qu'ils étoient, par rapport à leur état, en courses presque per-
petuelles chez les différentes nations In-
diennes, tant des côtes maritimes que de
l'intérieur ; qu'ils étoient donc à portée de
connoître les lieux, les climats, les hommes, les animaux, les végétaux &c. :
au lieu que les Français établis en Guyane ne connoissent guere que les lieux où
les circonscrivent soit leurs cultures, soit
leurs professions, et qu'ils n'ont pas, comme l'avoient ces missionaires, les facilités
pour exécuter, sans divers dangers de
différens genres, des courses aussi loin-
taines chez les différentes nations Indien-
nes de l'intérieur qui, pour la plupart,
sont encore très-sauvages. Ces missioñai-
res, tant pour aller que pour revenir,

marchant à pied avec des Indiens qu'ils avoient commencé à civiliser, vers une peuplade alliée de ces Indiens dont quelques membres les escortoient vers une autre peuplade amie, et ainsi successivement; de manière qu'en d'autres occasions, et à l'aide d'Indiens de nations différentes qui leur étoient attachés, ces missionnaires visitoient même, à diverses époques, des peuplades ennemies entre elles.

Lors de la Convention, on déportoit à la Guyane une multitude de prêtres. Instruit par les anciens renseignemens locaux de ces missionnaires, j'adressai à la Convention un mémoire dans lequel, en me renfermant strictement dans mon objet, je proposois mon plan de république. J'exposois que les prêtres déportés étoient circonscrits dans des cantons maritimes insalubres; que les alimens que leur accordoit le Gouvernement, et que des entrepreneurs leurs fournissoient en nature, étoient de mauvaise qualité; que par ces deux causes, ces prêtres périssoient par centaines; qu'il y avoit un moyen fort simple de faire cesser cette mortalité et de les rendre utiles à l'ébauche de mon plan, au lieu de les laisser mourir dans l'inaction et la misere; que c'étoit de donner en argent, à chaque prêtre, la même somme que le Gouvernement payoit à l'entrepreneur pour la nourriture de chacun de ces prêtres déportés, ce qui ne coûteroit pas un liard de plus au Gouvernement, et de leur permettre de se retirer sur la montagne Oucaillary ; qu'à une certaine élévation ils y trouveroient le climat du midi de la France ; qu'avec l'argent qu'on leur fourniroit pour l'équivalent de leur subsistance, ils acheteroient des alimens des Indiens, à bien meilleur marché que dans les établissemens Français ; qu'ils acheteroient des outils, des instrumens de culture, quelques souches de bétail et de volaille ; qu'avec quelques Indiens, dont ils loueroient les services, ils éleveroient les différens animaux, les différens grains, légumes et autres végétaux de la France ; qu'ils construiroient des asyles dans ces cantons délicieux.

Quelque tems après la déportation de ces prêtres, il y eut une quantité de déportés, non prêtres. Je renouvellai ma proposition, à cette autre époque, en faveur des uns et des autres.

Indépendamment de mon plan de république, j'aurois arraché par-là aux infirmités, aux maladies et à une mort pré-

maturée, une infinité de déportés, prêtres et non prêtres ; et on pouvoît croire,
qu'avec le tems, on cesseroit de les regarder d'un œil aussi sévère, et que ceux
de ces déportés, prêtres et non prêtres,
qui le désireroient, auroient la liberté de
revenir en France.

Des déportés, prêtres et non prêtres,
avoient bien la faculté d'entreprendre des
cultures, des exploitations dans certains
arrondissemens de territoire, soit dans
l'Isle de Cayenne, soit dans les environs ;
mais pour se livrer à ces cultures et exploitations, il falloit des moyens pécuniai-
res : la majeure partie des prêtres déportés n'en avoient pas de suffisans. Mais en
leur donnant en argent l'équivalent de
leur nourriture, et en leur permettant de
s'établir sur le mont Oucaillary, ils auroient pu former des cultures sur cette
montagne ; parce qu'ils auroient trouvé
chez les Indiens des environs, des vivres à bien meilleur marché qu'à Cayenne,
et que ces Indiens leur eussent loué leurs
services à bien meilleur marché que les
Indiens des environs de Cayenne.

Je reçus différentes réponses ; mais je
n'obtins aucun succès : j'ai toujours pensé
que l'éloignement du mont Oucaillary et

conséquemment la difficulté de l'inspec-
tion sur les déportés, étoient la cause de
ce non succès. J'avois cependant cherché à prémunir contre l'idée de leur évasion, en objectant d'abord la crainte de
la confiscation de biens qu'ils auroient
encourue, et en détaillant ensuite les dif-
ficultés morales et physiques, de différens
genres, qui leur auroient rendu cette
évasion presque impossible.

Je ressens une sincere douleur de ce
non succès, d'abord par la mort préma-
turé d'une multitude d'excellens hommes,
prêtres et non prêtres, et ensuite parce
que les asyles et les cultures qu'ils auroient
formés avec ces Indiens, les animaux et
les végétaux de France, qu'ils auroient
élevés sur la montagne, auroient servi
pour le commencement de mon plan de
république, comme je l'exposois, et auroient fourni des facilités et des encou-
ragemens de plus aux premiers Français
qui, successivement, seroient venus se
fixer sur la montagne et accroître la population de la nouvelle république.

Ce n'est pas aux personnes riches ni
même aisées que j'ai proposé d'aller jetter
personnellement les fondemens de cette
nouvelle république; je leur ai seulement

exposé, page 61 et suivantes, qu'en se réunissant un certain nombre, et en avançant, pendant trois ans, les plus légeres sommes, elles accroîtroient très-considerablement leurs propriétés, et commenceroient le bonheur de beaucoup d'infortunés. Sans nuire à ces mesures, j'en vais développer d'autres qui produiroient de bien plus grands effets.

Je respecte sincerement l'établissement de nos hôpitaux. Je respecte également les associations qui ont pour objet de distribuer, aux indigens, de l'argent, des soupes et autres alimens ; mais il faut convenir que ces distributions manuelles ne vont point à la source du mal, à l'origine de la misere ; qu'elles y portent bien quelque remede, pour le moment ; mais qu'elles ne la guérissent pas plus qu'elles ne la préviennent ; que, quant aux hôpitaux, ils ne la préviennent pas non plus, qu'ils ne lui servent que de tombeau ; et, qu'en conservant ces respectables établissemens, il seroit donc bien important de joindre et d'adopter un moyen qui prévint cette misere, au moins pour plusieurs, et qui diminuât le nombre de ces infortunés : c'est ce moyen que j'ai promis, ci-dessus, et que je vais développer.

Les anciennes Républiques Grecques n'avoient point d'hôpitaux pour renfermer la misere, elles la prévenoient ; et pour prévenir cette misere dans laquelle eut été précipitée une infinité de citoyens par un excédent de population, par le défaut de propriétés et de travail ; pour procurer au contraire aux citoyens, à ceux sur-tout qui étoient menacés de l'indigence et qui avoient bien mérité de la patrie, des cultures et l'abondance, ces républiques fondoient des colonies. Ces colonies de la Grèce et de Tyr conservoient la plus grande reconnoissance pour la mère patrie : les liens de la plus grande affection, du plus grand intérêt unissoient, même après des siecles, la mère et les filles. La mère, ou l'une des filles, étoient-elles pressées par une guerre malheureuse ? L'autre envoyoit promptement des secours en hommes, en vivres, en argent ; elle recevoit dans son sein, et elle traitoit, comme pères, comme mères, comme frères et sœurs, les vieillards, les femmes et les enfans que la première lui envoyoit pour les soustraire aux dangers de la guerre. Il en seroit de même, par la suite, pour la colonie Française de la Guyane, et les autres colonies françaises de l'A-

mérique, du côté de la nouvelle république que je propose. De même les der-
niers neveux des Français qui formeroient
cette nouvelle république, n'oublieroient
jamais qu'ils devoient leur bonheur à la
mère patrie ; et, en conséquence, la nouvelle république deviendroit, par la suite,
le boulevard des colonies Françaises en
Amérique.

Voici le moyen que j'ai annoncé pour
venir au secours d'une infinité de ces infortunés dont j'ai parlé en commençant
cette république : ce moyen consisteroit
dans une contribution volontaire, vrai-
ment imperceptible pour le contribuable.

Les personnes bienfaisantes qui, à Paris,
régissent les hôpitaux, les autres établissemens de charité et les distributions manuelles, se réuniroient pour faire, par
écrit, une invitation aux préfets, sous-préfets
et conseils généraux des départemens qui
composent la France, de proposer cette
contribution volontaire ; et, à cet effet,
les différens membres des conseils généraux,
tant par eux que par leurs amis, prendroient, dans leurs arrondissemens respectifs, l'adhésion des différens contribuables et en formeroient le rôle.

Si, sur cette invitation, les administrateurs du département de Paris faisoient cette proposition, s'ils donnoient cet exemple, il n'est pas douteux qu'il ne fût promptement suivi dans tous les autres départemens.

Dans les divers départemens de la France, (je sais que différens départemens se plaignent de la quote de leurs impositions foncières, mais un cadastre exact ne peut être que l'ouvrage du tems ; et la contribution volontaire et annuelle, par les plus riches propriétaires et pour l'objet dont il s'agit, ne peut pas mériter la qualification même de bagatelle) il seroit fait, tous les ans, une perception volontaire, en sus de l'impôt foncier, d'une somme de sept mille francs. Pour composer cette somme, il n'en coûteroit, à chacun des contribuables, qu'une certaine quantité de centimes en proportion de chaque quote: ceux qui ne voudroient pas payer ces centimes ne les payeroient pas: eh! quel est l'homme qui refuseroit de les payer ? Le plus haut quotisé, s'il le vouloit, ne payeroit pas plus de vingt-cinq centimes, ou cinq sols: on ne pourroit être quotisé qu'une fois dans le département, à cette somme de vingt-cinq centimes.

Le préfet et le conseil général de cha-

que département prieroient quelque hono-
rable citoyen de vouloir bien être gratuite-
ment le correspondant de l'agent mentionné
à la page 47 et suivantes de ma proposition :
ce correspondant recevroit directement, de
chaque receveur, la somme à laquelle mon-
teroient ces centimes additionnels volontaires par chaque commune.

Tous les trois ans, le Préfet, le conseil général de département et le correspondant s'assembleroient pour faire choix,
à la pluralité des suffrages, de dix hommes mariés, ou l'ayant été, et ayant enfans :
les dix hommes natifs du département,
sans propriétés, et jouissant de la meilleure
réputation du côté des mœurs, de la probité et du travail. Pour la conservation
et l'encouragement de ces bonnes qualités,
il seroit important, d'un autre côte, qu'elles reçussent cette récompense publique.
Dans ces dix hommes, cinq seroient pris
parmi les laboureurs, deux parmi les vi-
gnerons, un parmi les jardiniers et deux
parmi les arts et métiers nécessaires et
utiles ; mais à leur égard tous les trois
ans alternativement.

Lorsque, par la recette de la première
année, d'après les comptes du correspondant, il se trouveroit sept mille francs

en caisse, il seroit procédé au choix dont je viens de parler. Le correspondant donneroit avis de ce choix à l'agent, et il se concerteroit avec lui pour , d'avance, faire passer les fonds, et faire ensuite partir les nouveaux colons en trois ans, de la maniere qui est expliquée aux pages 61 et suivantes de ma proposition, sauf qu'il est dit, à la page 65, que trois ans après l'arrivée en Guyane des quatre co-associés, les six autres associés y passeroient *à leurs frais avec leurs femmes &c.*, et que dans le cas actuel, ces frais de passage seroient payés par les deniers dont il s'agit, puisque ces individus n'auroient été admis qu'en justifiant qu'ils n'avoient aucune propriété.

Conformément à ce qui est dit, page 66, ces nouveaux colons, indépendemment de leur propre habitation ou carbet, en commenceroient un autre dans le délai fixé, à leurs frais et au profit du département, de la maniere qui est expliquée à cette page. Le conseil général du département concéderoit ces carbets, comme on l'a dit ci-devant; mais comme tout se trouveroit préparé sur ces carbets commencés, ce département ne feroit la dépense que de l'envoi des concessionnaires, de leurs femmes et enfans jusqu'au carbet.

Il y auroit donc, au profit de chaque département, deux moyens très-féconds de préserver annuellement de la misere beaucoup d'honnêtes infortunés, et de leur procurer ainsi, et à leur postérité la plus reculée, le sort le plus heureux.

Le premier moyen seroit l'envoi partiel, pendant chaque période de trois ans, de dix colons, de leurs femmes et de leurs enfans : envoi dont la dépense seroit prise, ainsi que celle de leur établissement, sur les centimes additionnelles volontaires de leurs départemens respectifs.

Le second moyen seroit les carbets qui seroient commencés par les nouveaux colons successifs, à leurs frais, et fournis par ces nouveaux colons : ce second moyen deviendroit par la suite bien plus fécond que le premier ; et en effet, chaque département ne pourroit, sur ses centimes additionnelles volontaires, fournir que les vingt-un mille francs nécessaires pour l'envoi partiel et l'établissement pendant trois ans des dix hommes mariés, de leurs femmes et de leurs enfans ; mais à mesure que ces départemens feroient ces en-

vois

vois, toujours à la charge de fournir le carbet au bout de dix ans ; à mesure que chaque département concéderoit ces carbets, à la condition d'en fournir un autre, mais à un terme plus court, puisque les concessionnaires du carbet auroient trouvé tout préparé. Il arriveroit, par succession de tems, que chaque département auroit plusieurs carbets à concéder chaque année ; et comme ces concessions ne se feroient toujours qu'à la charge, par les nouveaux concessionnaires, de fournir un nouveau carbet commencé, il en résulteroit que par la suite, les vingt-un mille francs de chaque département seroient énormément insuffisans, et pour envoyer de nouveaux colons, subvenir aux frais des trois premières années de leur établissement, et pour faire la dépense de l'envoi des concessionnaires.

Mais alors la nouvelle république seroit assez puissante pour avoir en mer la quantité de vaisseaux et de vivres nécessaires pour transporter annuellement, aux différentes époques qui seroient convenues, et les nouveaux colons et les concessionnaires, et pour avancer aux nouveaux colons les alimens et autres choses nécessaires à leur établissement.

Afin que la nouvelle république fût d'autant plus en état de multiplier ces secours à un plus grand nombre d'indigens, les nouveaux colons rendroient annuellement à la nouvelle république, dix ans après la livraison qu'ils auroient faite des carbets, et dans l'espace de quinze ans, en grains ou autres denrées, le montant de ce qu'il en auroit coûté pour les frais de leur passage, et celui de leurs femmes et de leurs enfans, les souches de bétail et volaille en même espèce et quantité que celles qui leur auroient été avancées par la nouvelle république, le montant des subsistances qui leur auroient été fournies pendant trois ans, les grains, graines, plants, outils, instrumens, meubles en même espèce et quantité que ceux qui leur auroient été avancés par la nouvelle république.

Quant aux concessionaires, ils rendroient à la nouvelle république, annuellement et dans l'espace de six ans, en grains ou autres denrées, les frais de passage et de nourriture jusqu'au carbet.

Les nouveaux colons et les concessionnaires n'entreroient en exercice des droits de citoyen actif qu'après leurs livraisons respectives entierement fournies.

De la manière qui vient d'être expliquée, chaque département, sur ses vingt-un mille francs, n'auroit plus alors à payer que les frais de voyage de ces nouveaux colons et de ces concessionnaires jusqu'aux ports de mer convenus ; mais toujours à la charge de fournir le carbet.

Objecteroit-on que de pareilles mesures, tendant à diminuer le nombre des indigens de la France, tendroient aussi à diminuer considérablement sa population ?

Je repondrois que les républiques de la Grèce, que la république de Tyr formoient, avec une certaine quantité de citoyens indigens, différentes colonies, à différentes époques et dans différens lieux, et que ces républiques n'en étoient pas moins florissantes. D'un autre côté, voyez la Hollande et l'Angleterre : elles avoient couvert de leurs colonies l'Asie, l'Affrique et l'Amérique ; ces nations en étoient-elles moins puissantes ? Depuis environ cent cinquante ans nous avons aussi commencé à former des colonies ; la France en étoit-elle moins peuplée que cent ans devant ? C'est une vérité attestée par l'expérience de toutes les nations et de tous les siecles : la population augmente par-tout où les indigens trouvent la

*

tranquillité et les moyens d'exister par leur travail ; et la dépopulation se fait sentir, lorsque ces moyens manquent et à mesure qu'ils manquent.

Ajouteroit-on que nous avons assez de colonies à rétablir sans en aller entreprendre de nouvelles ?

Je répondrois que ce n'est point avec les indigens dont je parle qu'on pourroit rétablir la culture dans nos colonies, puisque, de l'aveu des Espagnols, des Portugais, des Anglais, des Hollandais, des Français, il est impossible que dans ces régions, et relativement à la chaleur continuelle, des Européens se livrent à aucune culture, qu'ils se livrent constamment, à l'extérieur, à aucun travail de corps, et que dans le fait aucun Européen ne s'y livre. Eh ! comment pourroit-il s'y livrer, puisque, sans travailler, le climat, joint au changement d'alimens, dévore du cinquième au quart des nouveaux débarqués ? Il faut donc beaucoup d'argent pour avoir le travail des negres ; et ces indigens n'ont que leurs bras, et ils ne peuvent les employer.

Ce n'est donc que dans des contrées telles que celles que je propose que des Européens peuvent se livrer constamment aux cultures et autres travaux.

J'ai dit que la communauté de biens, que la république que je propose avoient été conseillées par les Coligni, les Montesquieu ; qu'elles avoient été réalisées, exécutées par les Jésuites, chez les différentes nations de l'Amérique méridionale et septentrionale, par les frères Moraves, par les Dumplers, &c. D'un autre côté, cette communauté ne peut paroître extraordinaire à ceux qui font profession du christianisme, lorsqu'ils réfléchiront qu'elle avoit lieu dans les premiers siecles de l'Eglise : ces exemples d'exécution ne prouvent-ils donc pas que cette république peut s'exécuter ? Faut-il une preuve qu'elle peut s'exécuter par des Français ? Cette preuve est bien aisée à acquérir.

Le succès des secours volontaires des départemens en faveur des citoyens honnêtes mais indigens, dont je viens de parler, ne pourroit être douteux ; car, pour un cultivateur qui n'a rien, n'est-ce pas le comble de la félicité que d'être alimenté et transporté avec sa famille dans une contrée saine et délicieuse ; d'avoir des vivres pour sa subsistance, des terres à sa disposition, des instrumens, des charrues et des bestiaux pour les labourer, des grains pour les ensemencer; d'avoir à sa porte des compatriotes honnêtes qui auroient été envoyés comme lui; d'avoir conséquemment les agrémens de la société ?

Dans tous les états européens, les enfans divisent entre eux les champs de leurs pères, ce qui, par les partages successifs, reduit chaque lot ou le prix de la vente de chaque lot à très-peu de chose. Ici au contraire, chaque enfant seroit certain d'avoir avec ses frères ou ses neveux la propriété indivise de trois mille arpens de terre; il seroit certain que ses enfans auroient pareille propriété indivise de trois mille arpens de terre; enfin il seroit certain de transmettre cette félicité à sa postérité la plus reculée. La perspective du bonheur de ces citoyens et de celui qu'on pourroit procurer à une infinite d'autres, les grands hommes et les exemples multipliés que je viens de citer ne méritent-ils donc pas au moins qu'on fasse l'épreuve de cette république ? Il en coûteroit si infiniment peu : quelques centimes par an par chaque citoyen aisé; on fait souvent tant de maux, pourquoi ne pas essayer à faire le bien lorsqu'il en coûte si peu ?

Si le plan étoit conduit avec sagesse, le

succès des républiques de la Grèce et de Tyr garantit celui de l'essai que je propose. Ce premier succès auroit encore un autre avantage ; chaque conseil général de département, tant pour sa décharge que pour le bien de la chose et pour la satisfaction des propriétaires fonciers qui auroient fourni volontairement pour cet emploi leurs centimes additionnels, chaque conseil général de département dis-je, rendroit ce succès public, d'après les lettres des nouveaux colons à leurs familles et à ces conseils : la certitude, la publicité de ce succès encourageroient, de plus en plus, ces propriétaires fonciers à continuer leur prestation volontaire de leurs centimes additionels.

Cette certitude, cette publicité de succès encourageroient, dans chaque département, les uns à faire des associations et à les réaliser à leurs frais, comme je l'ai dit dans ma Proposition ; les autres à faire les emprunts dont j'ai parlé, à la charge de fournir aux prêteurs une habitation ou carbet. Cette certitude de succès encourageroit aussi les personnes riches et aisées, dans chaque département, à se réunir pour prêter les sommes nécessaires, et à la charge de la livraison du

carbet. Enfin toutes les différentes mesures que j'ai détaillées multiplieroie nt, en
faveur des infortunés, les moyens de parvenir à l'abondance et de la transmettre
à leurs enfans qui, par la suite, exécu-
teroient ce plan d'instruction, de perfetion-
nement, de magnificence publique sur
lequel je me suis étendu.

Dans le nombre des citoyens sans propriétés se trouve une quantité de braves
militaires. Le Gouvernement se propose
de donner des récompenses aux soldats
qui ont bien mérité. Pour faire leur bonheur, il ne seroit donc question que de
proposer à quelques-uns de ceux qui ne
sont pas nés dans un état d'aisance, d'aller commencer la nouvelle république,
de les y transporter, de leur fournir la
subsistance et à leurs femmes pendant trois
ans, les outils, instrumens de culture,
les grains et graines à ensemencer ; enfin
de leur fournir quelques souches de bétail
et de volaille, comme je l'ai dit ci-devant.
Les différentes nations européennes en
usent ainsi pour leurs colonies : l'ancien
gouvernement faisoit de même, notamment dans le Canada et dans la Louisiane. Ces soldats se choisiroient entre eux
pour se réunir en carbets de dix hommes

mariés, ou qui se marieroient avant de partir. Ces soldats adopteroient d'autant plus volontiers la communauté de biens dont il s'agit, qu'ils sont habitués à vivre en commun par chambrées; que leurs travaux militaires, leurs dangers, les revers comme les succès leurs sont communs. La récompense que je propos seroit immensement plus avantageuse à ces soldats, à leurs femmes et à leurs enfans que des pensions viagères à l'extinction desquelles, par la mort du mari, la femme et les enfans tombent dans la misère.

Dans le nombre de ces soldats, il seroit bon de choisir les deux tiers parmi ceux qui sont originairement cultivateurs, et l'autre tiers parmi ceux qui exerceoient respectivement les arts ou métiers nécessaires, utiles et agréables.

Ces soldats et leur postérité conserveroient pour la France la même réconnoissance, le même attachement qu'avoient après des siecles, comme je l'ai dit, les colonies grecques et tyriennes pour leurs mères patries qui les avoient fondées.

A l'égard du Gouvernement, non seulement il ne lui en coûteroit rien pour effectuer ces récompenses, mais il y gagneroit évidemment et infiniment; d'abord

par la considération que je viens de présenter, et d'où il résulte que, comme je
l'ai dit, la nouvelle république deviendroit le boulevard des colonies françaises en Amérique ; ensuite parce qu'il en
coûteroit beaucoup moins au Gouvernement pour faire passer sur ses vaisseaux
ces dix hommes, leurs femmes et enfans,
en frais de nourriture jusqu'à la montagne,
et enfin en frais pendant trois ans pour
l'établissement de ces carbets composés
chacun de dix hommes, que de payer à
chacun de ces dix hommes, une pension
pendant toute leur vie ; et enfin parce
que le Gouvernement auroit les mêmes
droits que les citoyens qui auroient prêté
leurs deniers pour des établissemens de
carbets : c'est-à-dire que chaque carbet de
dix soldats seroit tenu de livrer au Gouvernement un commencement de carbet
et de culture dans le délai et de la manière expliquée page 66 et suivantes, et,
comme je l'ai dit dit ci devant, à l'égard
des indigens qui seroient transportés et
pourvus sur les centimes additionnels volontaires.

De cette façon le Gouvernement auroit à sa disposition des carbets tout commencés dont il pourroit gratifier d'autres

militaires, à la charge aussi de livrer de nouveaux carbets commencés, mais dans un délai plus court, attendu que ces seconds concessionnaires auroient trouvé des bâtimens tout prêts, des terres ensemencées et plantées, des bestiaux, des volailles, des provisions.

Les troisièmes concessionnaires et autres concessionnaires successifs n'obtiendroient cette récompense qu'aux mêmes conditions : de sorte que par les envois successifs et de nouveaux colons et de nouveaux concessionnaires, et sans qu'il lui en coûtat rien que les avances aux nouveaux colons, avances dont il seroit remboursé par les livraisons de carbets, le Gouvernement auroit une ressource immense et perpetuelle de gratifications à accorder ; et quant aux concessionnaires de carbets commencés, il n'auroit seulement à faire que les frais de passage, sur ses vaisseaux, de ces concessionnaires, de leurs femmes et enfans, de leur nourriture jusqu'à la montagne : frais dont il seroit plus que remboursé par le nouveau carbet commencé que ces concessionnaires successifs lui livreroient dans le délai qui seroit fixé.

Les cantons des montagnes de la Guya-

ne Française présentent des régions immenses et délicieuses qu'à la différence
de nos îles de l'Amérique, des Français
peuvent cultiver par eux-mêmes avec les
Indiens qui y sont errans en petit nombre et qui seroient civilisés par ces Français. Ces cantons offrent donc à la France un fonds immense de richesses territoriales et conséquemment certaines : il
ne faut que des bras pour les faire naître,
il ne faut qu'y envoyer des indigens,
militaires ou non, comme je l'ai proposé.
Sous le climat où ces Français seroient
établis, ils obtiendroient, par leurs cultures
personnelles, non seulement toutes les
denrées d'Europe, mais encore toutes les
denrées coloniales, sans être obligés de
faire venir des noirs ; et cela parce que,
comme je l'ai prouvé ci-devant, le climat
des montagnes permettroit à ces Français
les cultures personnelles des denrées coloniales, sans être obligés de recourir aux
bras des negres : autre avantage encore
auquel on ne peut trop réfléchir, et qu'on
ne peut trop apprécier.

Les soldats qui anciennement avoient
obtenus des concessions dans les champs
du Canada, y avoient laissé une postérité
renommée par sa probité, sa franchise,

sa bravoure, sa politesse, sa bienfaisance, son attachement pour la France; les femmes par les mœurs les plus honnêtes. La communauté de biens, entre ces colons, n'y regnoit pas de droit; par leur bienfaisance, elle y avoit lieu de fait. Arrivoit-il un nouveau concessionnaire ? Les hommes et les femmes se réunissoient pour l'aider à défricher, à ensemencer, à bâtir son habitation, à lui fournir du linge, des meubles, des bestiaux, des volailles, des grains &c. Les plus voisins de la nouvelle habitation le logeoient et le nourrissoient tour-à-tour avec la cordialité la plus franche jusqu'à ce que la nouvelle habitation fût prête. Survenoit-il quelque désastre à l'un de ces cultivateurs ? Tous s'empressoient de le réparer : cette postérité formoit l'une des plus excellentes nations qui ayent honoré l'humanité. Il en seroit de même des nouveaux colons militaires et non militaires dont je propose l'établissement. Ces nouveaux colons adopteroient d'autant plus volontiers le travail commun, qu'ils sont habitués au travail; ils adopteroient, d'autant plus volontiers, le travail commun, la communauté de biens et l'égalité, qu'ils n'auroient aucun préjugé, aucun intérêt qui y fussent contraires;

qu'ils verroient que le terrein ne manque-
roit pas à leurs descendans, et que cette
communauté de travail et de biens, que
cette égalité étoient des moyens certains
de leurs transmettre le bonheur dans toute
sa plénitude. On voit donc que tous les
différens avantages que j'ai exposés, sont
aussi évidens et inappréciables que faciles
à acquérir.

J'ai dit et répété, et je répete encore,
que ce n'est point aux personnes riches,
ni même aisées, que j'ai proposé d'exécuter personnellement mon plan de travail commun, de produit commun, et
d'égalité ; parce que, généralement par-
lant, je sais que ces personnes, loin d'a-
voir l'usage et l'amour du travail pour l'a-
griculture et pour les arts et métiers, joi-
gnent à leur impuissance physique des
maximes et des usages qui y sont oppo-
sés ; que ces personnes ont été nourries
dans des principes contraires à mon plan.
Mais de ce que ces personnes ne pourroient et ne voudroient pas l'exécuter personnellement, ce seroit évidemment fort
mal raisonner que d'en conclure que l'exécution en est impossible par d'autres ; car
on a vu ci-devant que cette exécution a
eu lieu chez différentes nations ; on a vu

que cette exécution seroit au contraire très-facile aux colons dont je viens de parler, qu'elle feroit l'objet de leurs désirs, qu'elle feroit leur bonheur et leur gloire, comme le prouve l'exemple de la nation de ces anciens cultivateurs du Canada, si braves, si vertueux et dont la mémoire est si respectable.

Dans ma Proposition, j'ai parlé du culte religieux. Tout annonce qu'il va être pris des arrangemens pour le rétablissement de la paix dans l'exercice en France du culte catholique : ce rétablissement ne sera pas opéré en France sans qu'il le soit en Guyane, comme dans nos autres colonies. Mais par rapport à la nouvelle république que je propose, par rapport à un climat tel que celui dont il s'agit, à des peuples tels que les Indiens qu'il est question de civiliser, et à des déserts qu'il est question de peupler, qu'il me soit permis d'observer qu'il seroit inconséquent d'introduire des loix et des institutions tendant au célibat : il seroit donc nécessaire que la nouvelle république embrassât le rit grec de la communion romaine, qui admet au sacerdoce des individus mariés.

La Dalmatie Vénitienne, aujourd'hui

Autrichienne, observe le rit grec de la communion romaine qui admet aux cures et autres ministères des individus mariés. En conséquence on voit à Rome un séminaire où sont reçus des Dalmatiens mariés; on les y forme aux choses de la religion et au sacerdoce ; et lorsqu'ils sont suffisamment instruits et qu'ils ont reçus cet ordre, on les envoie dans leur patrie exercer leurs fonctions, soit comme vicaires, soit comme curés, soit dans toutes autres fonctions sacerdotales, et cela sans être obligés de faire séparation avec leurs femmes.

C'est ce même rit grec que je propose d'établir dans la nouvelle république, et pour cela que, quand elle auroit pris une certaine consistance, il fût démandé au Saint Siege qu'il lui plût envoyer dans la nouvelle république quelques évêques de ce rit grec de la communion romaine, à l'effet d'établir ce rit dans la nouvelle république, d'y promouvoir successivement à la prêtrise, les républicoles mariés qui en seroient jugés capables, et consacrer des évêques et des archevêques de ce rit.

Pour présenter à la prêtrise des sujets capables, les anciens des différentes familles

milles

milles ou carbets examineroient, parmi leurs jeunes gens, ceux qui auroient le plus de goût et de dispositions intellectuelles et morales pour cet état; ils dirigeroient spécialement leurs études vers ce but; mais toujours sans nuire au régime, au travail commun.

Les curés seroient distribués pour un certain nombre de carbets qui formeroit un canton.

Dans le centre de ce canton il seroit bâti un temple, sur un plan de magnificence, digne de l'objet : plan qui seroit exécuté successivement.

Le curé resideroit avec sa femme et ses enfans dans le carbet du centre, dans le voisinage duquel seroit bâti le temple.

Les prêtres subordonnés aux curés resteroient habituellement, avec leurs femmes et leurs enfans, dans les carbets dont ils seroient originaires : ils desserviroient la chapelle particuliere du carbet ; ils instruiroient les jeunes gens et spécialement ceux qui se destineroient au sacerdoce.

Dans les carbets ou familles, ces curés et ces prêtres donneroient, par leurs instructions et par leur exemple, l'amour des vertus et du travail ; ils se livreroient aux travaux communs lorsque les fonctions de leur ministere ne s'y opposeroient pas : Saint Paul faisoit des tentes.

Les curés, les évêques et les archevêques seroient nommés et vivroient comme dans la primitive église où les chrétiens vivoient dans la même communauté de biens que celle que je propose.

Les évêques seroient placés dans le lieu où seroit fixée l'assemblée administrative de la contrée.

Les archevêques dans le lieu où seroit fixée l'assemblée administrative de la république fédérée.

Les évêques et les archevêques vivroient respectivement en commun avec les administrateurs, soit des contrées, soit des républiques fédérées.

Les prêtres seroient, par état, membres du conseil des anciens dans les carbets.

L'un des curés qui seroit nommé par eux seroit membre des conseils de districts.

Les évêques seroient, par état, membres des assemblees administratives des contrées respectives.

Les archevêques seroient, par état, membres des assemblées des républiques fédérées respectives.

Des évêques et des archevêques seroient nommés entr'eux et par eux pour

être membres du conseil général des républiques confédérées, jusqu'à la concur-
rence du quart des vocaux.

Ce seroit dans ce conseil général qu'on
régleroit ce qui concerneroit les missions
chez les Indiens : missions tendantes sur-
tout à obtenir de leurs enfans mâles et
femelles, pour les distribuer dans les carbets ou familles, où ils seroient élevés,
instruits et traités comme les enfans de
ces familles ou carbets, ainsi que je l'ai
dit pages 23 et 24 de ma Proposition.

Jusqu'à ce que toutes ces dispositions
pussent être exécutées, l'administration de
la nouvelle république, par son agent en
France, prendroit des mesures avec un
certain nombre de prêtres français pour
qu'ils vinssent desservir le culte et continuer les missions chez les Indiens du
voisinage, et de proche en proche.

Les frais de voyage de ces prêtres seroient avancés par l'agent de la république en France. Ces prêtres seroient lo-
gés, nourris et fournis de toutes choses
dans les carbets. S'ils vouloient faire venir des parens, des amis, et s'établir
avec eux en carbets ou familles, on leur
en donneroit toutes les facilités. S'ils vouloient s'en retourner en France, la nouvelle république payeroit les frais du

*

voyage ; elle leur assureroit une pension proportionnée au tems de leur de serte. Il en seroit usé de même à l'égard des évêques du rit grec qui auroient eté envoyés par le Saint-Siege.

J'ai une véritable douleur, comme je l'ai dit au commencement de cette Continuation, de ce qu'il n'a pas été permis aux déportés prêtres et non prêtres de se retirer sur le mont Oucaillary, et d'y commencer des cultures avec des Indiens ; l'existence d'une grande quantité de ces déportés eut été conservée ; plusieurs prêtres auroient pu rester pour reprendre l'exercice du culte et des missions, et il y auroit aujourd'hui, sur le mont Oucaillary, quantité d'Indiens reunis en différens carbets, une quantité d'asyles, de bestiaux, d'alimens et de cultures qui serviroient de commencement à l'exécution de mon plan, et de preuve non seulement pour la possibilité de son exécution, mais encore pour la facilité de cette exécution.

Le Gouvernement, comme je l'ai dit plus haut, ne retablira pas la paix et l'exercice du culte en France, sans les rétablir également dans la Guyane comme dans les autres colonies ; en conséquence le Gouvernement rappellera sans doute les anciens missionnaires, tant pour la des-

serte du culte que pour continuer l'instruction et la civilisation des sauvages : on
enverra de nouveaux missionnaires à cet
effet.

J'ai donc l'honneur de proposer au Gouvernement de faire l'essai de mon plan,
et pour cela de charger dès à présent de
cet essai quelques officiers civils et militaires en Guyane et quelques missionnaires. Ces préposés offriroient à des soldats employés en Guyane, à des ouvriers
français établis en Guyane, mais indigens,
de se réunir en carbets de dix hommes
mariés, et d'aller s'établir, avec leurs femmes et leurs enfans, sur le mont Oucaillary, de s'y mettre en possession de trois
mille arpens de terre par carbet. Le Gouvernement leur fourniroit pendant trois
ans la subsistance, il leur fourniroit les
outils et instrumens de cultures nécessaires, les bestiaux, volailles, grains, graines &c. : le tout comme je l'ai expliqué
ci-devant, et aux mêmes conditions de
livrer, dans le délai fixé, un autre carbet commencé. Le Gouvernement, pour
augmenter le nombre de ces carbets, et ces
commencemens de culture, fourniroit pro-
visoirement une certaine quantité de ses
noirs. Le Gouvernement feroit le même
traitement et aux mêmes conditions à

ceux de ses noirs qui auroient bien mérité ; c'est-à-dire qu'ils auroient la permission de s'établir en carbets de dix hommes mariés. Quant aux Indiens qui ont reçu un commencement de civilisation, ils s'établiroient également sur la montagne en carbets de dix hommes mariés. Le Gouvernement leur feroit les mêmes avances, aux mêmes conditions ; et ces Indiens les accepteroient d'autant plus volontiers, qu'ils recherchent nos pioches, nos haches, &c. avec beaucoup d'empressement. Les missionnaires qui, pour vivre, ne possedoient que leurs pensions, n'avoient pas les moyens d'acheter ces objets pour les donner à ces Indiens, et cependant ils étoient parvenus à commencer la civilisation de plusieurs et à les réunir en paroisses. Que seroit-ce donc si ces missionnaires leurs donnoient les outils qui font l'objet de leurs desirs les plus vifs, les instrumens et bestiaux pour la culture dans laquelle ces missionnaires instruiroient et feroient instruire ces Indiens qui d'ailleurs sont fort adroits ?

Il n'est pas douteux que, s'il étoit ainsi dirigé, cet essai que je propose n'eût le succès le plus complet. Ce succès auroit plusieurs grands avantages, celui de prouver la bonté du plan, la facilité de son exécution, celui de décider l'exécution du plan général ; c'est-à-dire la contribution volontaire des centimes additionnels, l'envoi d'indigens honnêtes, et l'envoi de militaires par forme de récompense ; que le succès de cet essai présenteroit l'avantage de préparer des asyles et des vivres à ces indigens, militaires ou non militaires, qui seroient successivement envoyés de France.

A l'égard du plan général en lui-même, plan que je continue de proposer d'après les Coligny, les Montesquieu, et autres grands hommes qui n'étoient pas de trempe à se nourrir de chimere et à les conseiller, j'observe que la nature humaine a reçu tant d'outrages dans différens siecles, qu'il seroit bien consolant d'essayer au moins à l'honorer.

Les divers gouvernemens anciens et modernes ont été établis pour faire le bonheur des hommes, la sureté de leurs personnes et de leurs propriétés. Ces gouvernemens et leurs loix atteignent ce but plus ou moins exactement, suivant que l'ont permis mille circonstances diverses, comme le disoit Solon à l'égard des loix qu'il avoit données aux Athéniens. Mais lorsqu'on n'est point gêné par des circonstances, que le terrein et que les choses sont absolument neuves et libres, il faut dessiner son plan, d'après toute la pureté et la perfection des principes primitifs. Je prie donc les personnes qui d'abord seroient portées à regarder ma Proposition, la communauté de biens comme impossible dans l'exécution, je les prie, dis-je, de vouloir bien ne pas regarder tous nos usages, toutes nos habitudes européennes comme la regle suprême, et de ne pas, en conséquence, condamner tout ce qui n'y seroit pas conforme; je les prie de considérer que l'inégalité des conditions dérive originairement et principalement du droit de conquête, et ensuite de l'inégalité des richesses acquises par une infinité de moyens divers; qu'il est dans le cœur de l'homme de vouloir respectivement devenir le supérieur d'un autre homme; que dans l'état de nature, l'égalité n'a pu s'y conserver que parce que les terres étoient communes à tous, et que, dans l'état civil, on ne peut maintenir cette égalité dans toute sa plénitude que par la communauté de biens.

Que lorsqu'on a découvert successivement l'Amérique et les terres polaires, on a trouvé que, sauf le Méxique et le Pérou, deux empires formés par des con-

quêtes successives, presque tous les autres peuples vivoient en petites nations
distinctes; que les terres étoient communes et les hommes égaux entre eux, et
cela parce que, n'ayant point éprouvé de
conquêtes, elles étoient plus près de la
nature.

Je prie ces personnes de considérer que
la communauté de biens avoit eu lieu plus
ou moins parfaitement dans plusieurs républiques anciennes, et que leur souvenir
fait encore la gloire de l'humanité. Je
prie les personnes qui respectivement
font profession du christianisme dans
ses diverses communions, de considérer
que cette communauté de biens avoit eu
lieu dans les premiers siecles de l'église,
et que lors et depuis, cette communauté
a été regardée comme une perfection.

Je prie ces personnes de considérer
que, dans nos tems modernes, cette
communauté de biens a été plus ou moins
perfectionné chez une infinité de nations
de l'Amérique méridionale et septentrionale, par des jésuites, par des carmes
portugais, par d'autres missionnaires sé-
culiers ou réguliers, soit espagnols, soit
portugais, soit français; par des missionnaires français chez les Indiens du
Canada et de la Louisiane. Ces différens

ecclésiastiques s'étoient conciliés la confiance et l'attachement de ces Indiens divers, par quelques bienfaits et par une bienveillance soutenue : tant les bienfaits et une bienveillance constante ont d'empire sur ces Indiens divers ! tant il seroit facile de faire adopter à ceux dont il s'agit tous les biens que je propose, et par les mesures d'humanité et de bienfaisance que j'ai indiquées !

Je prie ces personnes de considérer que cette communauté de biens a lieu chez les frères Moraves, les Dumplers, &c. des états unis de l'Amérique septentrionale.

Qu'il est donc clair, par tous ces exemples anciens et modernes, que la communauté de biens peut s'exécuter.

Il seroit déraisonnable sans doute de vouloir proposer d'établir cette communauté de biens dans nos gouvernemens européens ; mais je prie de considérer que je ne propose de la perfectionner qu'avec des Indiens chez qui elle existe déjà, et qu'avec des Français qui seroient libres d'accepter ou non la proposition ; qu'avec des cultivateurs, des ouvriers français, militaires ou non, qui, indigens et nés dans l'indigence, mais honnêtes, auroient intérêt de l'adopter, parce qu'ils seroient sans préjugés contre cette communauté de biens et contre l'égalité qui en resulte, et qu'ils verroient clairement que cette communauté de biens, cette égalité étoient les seuls moyens infaillibles de transmettre à leur postérité la plus reculée, et dans toute leur étendue, des propriétés territoriales semblables à celles dont ils auroient été en possession, et un bonheur encore plus complet que celui dont ils auroient joui. Si donc quelques personnes blâmoient ouvertement ou secretement le régime que je propose de perfectionner chez les Indiens, ou s'opposeroient à ce que des Français, tant pour eux que pour leur postérité, fussent chercher le bonheur sous un autre hémisphère et sous ce régime ; il est évident que le blâme qu'émettroient ces personnes à l'égard de ce régime, que les oppositions publiques ou secrettes, directes ou indirectes qu'elles susciteroient à l'exécution du plan, seroient cruellement injustes tant envers les Indiens qu'envers les Français.

A l'égard de l'instruction, du perfectionnement et de la magnificence publique dont j'ai parlé, je prie de considérer que ce seroit l'ouvrage du tems, que c'est des anciennes républiques grecques que nous tenons nos sciences et nos arts, qu'il ne seroit donc pas plus étonnant que des Français transportassent ces sciences et ces arts, dans les montagnes de la Guyane, qu'il ne l'est qu'elles ayent été transportés en France et dans les autres parties occidentales et septentrionales de l'Europe, et qu'il ne l'est que des Anglais et autres Européens les ayent transportés dans les républiques unies de l'Amérique septentrionale ; que quant à la magnificence publique, elle éclatoit dans les républiques grecques, dans celles qui s'étoient plus ou moins rapprochés de la communauté de biens, comme dans les autres ; qu'il ne seroit donc pas plus étonnant que cette magnificence publique éclatât de même dans la république que je propose.

Comme ces nouveaux républicains s'occuperoient d'abord à la culture et aux arts ou métiers, on croiroit, en voyant nos pauvres laboureurs, nos pauvres artisans courbés sans relâche sous le poids de leurs travaux, qu'il en seroit ainsi de ces nouveaux républicains, qu'il seroit impossible qu'ils se livrassent aux beaux arts, aux belles lettres, aux sciences, à la magnificence publique ; mais aux pages 14, 15, 16, 17, 35 et 36 de ma Proposition, j'ai fait voir combien peu ces cultures et ces arts et métiers leur prendroient de tems par la suite, et combien il leur en reste-roit pour l'instruction et la magnificence; mais par succession de tems : afin d'éviter les redites, je prie donc que l'on veuille bien relire à ce sujet les pages que je viens de citer.

Las-Casas et après lui Montesquieu [liv. 10 chap. 4], ont reproché aux Espagnols tous les maux affreux qu'ils avoient faits aux Indiens qu'ils avoient sujugués ; ils leur ont reproché d'avoir pu procurer les plus grands biens aux Indiens et de ne l'avoir pas fait.

Les Français n'ont point commis les maux affreux qu'on reproche aux Espagnols; mais les gouvernemens français, anglais et portugais n'ont pas fait à leurs Indiens respectifs le bien que je propose. Ils leur envoyoient des missionnaires ; mais ces gouvernemens n'envoyoient pas des fonds pour fournir à leurs Indiens respec-tifs des bestiaux, des outils, des instru-mens de culture, des grains, des graines, des plants, &c. ; ils n'envoyoient pas à ces Indiens des gens instruits dans les cultu-res, les arts et métiers, et ensuite des gens instruits dans les sciences, pour former suc-cessivement ces Indiens à toutes ces choses. Des religieux et autres ecclésiastiques ont seuls commencé cet ouvrage à leurs frais, et leurs premiers succès font leur éloge, comme ils prouvent, à l'égard de mon plan, la facilité de son exécution.

Je prie donc de considérer qu'en envoyant des travailleurs français mais honnêtes dans les montagnes de la Guyane, par les centimes volontaires, les autres moyens et les mesures que je propose, le gouvernement trouve des hommes ou au moins des sauvages dont il peut faire des hommes ; que le gouvernement s'occupe à civiliser les Indiens dont les Français ont conquis le territoire ; qu'il dédommage ces Indiens de cette conquête en leur faisant tous les biens possibles par le perfectionnement de leur communauté de biens, de leurs facultés physiques et morales, en leur *donnant*, comme le dit Montesquieu, *une religion douce, au lieu de superstitions furieuses*, en les traitant comme des concitoyens, et en en faisant réellement des concitoyens ; que les Français seroient les seuls ou au moins les premiers européens qui, aux yeux de leurs contemporains et aux yeux de la postérité, auroient acquis cette gloire. D'un autre côté, je prie de considérer que le gouvernement acquiert dans les montagnes un pays délicieux, sain et propre à tout, un débouché immense pour ses indigens, militaires ou

non, un boullevard pour ses colonies d'A-
mérique, un fonds immense de richesses et
de récompenses en propriétés territoriales
que des Français pourroient cultiver par
eux-mêmes, sans être obligés de faire venir
des noirs, autre avantage inappréciable ;
propriétés territoriales, qui autrement,
c'est-à-dire sans les bras et les cultures que
je réclame, continueroient à rester sans aucune valeur, comme nos indigens resteroient sans ressource.

Mon plan présente donc un double avantage immense, l'un en faveur de la France,
l'autre en faveur des Indiens de la Guyane.

Las-Casas avoit présenté pareilles considérations, il avoit présenté ce double avantages aux Espagnols et à la cour de Madrid.
A son exemple, je me disposois à présenter ce double avantage à l'ancien gouvernement : la révolution survint. Je l'ai présenté à la convention et au directoire : je le re-
produis aujourd'hui, et je suis d'autant plus
affermi dans mon plan, que, comme tout le
monde sait, le gouvernement des États-unis
de l'Amérique s'occupe actuellement de mesures à prendre pour parvenir à civiliser les
Indiens de ces contrées. Nous parlons sans
cesse d'humanité ; quand est-ce que nous en
ferons les œuvres en grand? Celles que je
propose sont si faciles, et les avances dont

on seroit si immensement dédommagé coûteroient si peu (*)! Je supplie donc mes concitoyens et le gouvernement de trouver bon qu'en suivant les immortels avis de Las-Casas et de Montesquieu, ainsi que l'exemple des États-unis, j'aie l'honneur de reproduire ce double avantage que j'ai exposé ; et comme le gouvernement, surchargé de soins et d'affaires, pourroit être distrait malgré lui sur ces considérations, sur le double avantage et sur l'essai que je n'hésite pas à lui proposer, je le supplie de me permettre, en ce cas, de les lui rappeler avec toute la constance de Las-Casas.

DUCHESNE.

(*) Il n'est personne qui ne puisse voir que ces avantages sont palpables et immenses, et que pour les acquérir, sept mille francs par département ne chargeroient annuellement plusieurs contribuables volontaires que du don d'une quantité de centimes dont la valeur n'excéderoit guère celle de quelques prises de tabac.

Que quelques personnes blâment ou rejettent de pareils moyens qui ne coûtent rien, et qui produisent les plus grands biens, et qu'elles vantent ensuite leur grand amour pour l'humanité !

A Blois, dans le mois de Germinal an X de la République Française.

9 782013 278775